CANALISATION DES FLEUVES ET RIVIÈRES

EXTENSION

DE L'APPLICATION DU SYSTÈME DE

BARRAGE-DESFONTAINES

PAR

Th. CARRO

Ingénieur en chef des Ponts et Chaussées.

MEAUX

IMPRIMERIE DESTOUCHES

Rue de la Juiverie, 1

1884

NAVIGATION INTÉRIEURE

CANALISATION DES FLEUVES ET RIVIÈRES

EXTENSION

DE L'APPLICATION DU SYSTÈME DE

BARRAGE-DESFONTAINES

NAVIGATION INTÉRIEURE

CANALISATION DES FLEUVES ET RIVIÈRES

EXTENSION

DE L'APPLICATION DU SYSTÈME DE

BARRAGE-DESFONTAINES

PAR

Th. CARRO

Ingénieur en chef des Ponts et Chaussées.

MEAUX

IMPRIMERIE DESTOUCHES

Rue de la Jonverie, 1

1884

EXTENSION

DE L'APPLICATION DU SYSTÈME DE

BARRAGE-DESFONTAINES

PREMIÈRE PARTIE

*Difficultés de l'application du système de barrage-
Desfontaines à une hauteur de déversoir mobile
dépassant 1ᵐ00.*

Tous les ingénieurs connaissent le remarquable système
de barrage mobile de M. l'inspecteur général Desfontaines.
C'est sans doute le premier appareil de ce genre entré
dans le domaine de la pratique, dont les manœuvres em-
pruntent au courant sa force vive ou sa force motrice naturelle. Qui n'a éprouvé un mouvement de surprise en
voyant le barragiste armé de sa clef, comme un magicien
de sa baguette, suspendre en quelques minutes le cours de
la rivière pour produire une retenue nécessaire à sa navigabilité, et l'obliger ensuite à se déverser par dessus les
hausses du barrage en une nappe tumultueuse? L'étonne-
ment n'est pas moins grand quand, au moment de l'ouverture, il la laisse s'écouler en un torrent dont il règle à
sa volonté l'impétuosité. Mais nous sommes déjà loin du
moyen-âge, et les merveilles de la science ne sont plus
aujourd'hui confondues avec la magie.

Négligeons toutefois le côté artistique de la question pour ne la considérer que sous le point de vue de son utilité pratique.

Techniquement parlant, qu'y a-t-il de plus rationel que d'utiliser, pour une dépense de force, celle d'un moteur naturel qui se trouve à la portée de l'opérateur ? Laisser se perdre cette force hydraulique pour la remplacer par une force humaine équivalente, est un contresens : ce serait même complètement illogique, si la captation de la première, pour l'asservir à toutes les conditions du problème, ne présentait pas de sérieuses difficultés.

M. Desfontaines avait triomphé de ces difficultés, mais seulement pour l'accomplissement d'un programme restreint. C'est ainsi qu'il avait limité à 1^m00 la hauteur de la partie mobile de son appareil à tous les barrages construits sous sa direction, sauf à celui de Joinville-le-Pont, où cette hauteur a été augmentée d'un dixième et portée à 1^m10. Au-delà de cette hauteur-limite, il voyait des obstacles susceptibles de paralyser le jeu de cet appareil, sinon même d'en compromettre entièrement le succès.

Les objections que M. Desfontaines s'était sans doute faites à lui-même, peuvent se résumer dans les considérations suivantes :

1° Pour de plus grandes dimensions, les pièces de fonte à surface alésée, composant les diaphragmes qui divisent le tube de pression en compartiments correspondant à chaque contre-hausse, devraient présenter de graves difficultés d'exécution : la fragilité de ces pièces dans les parties affaiblies par la réserve des orifices, serait également à redouter ;

2° Une augmentation du rayon des contre-hausses exigerait un accroissement corrélatif de la profondeur des cavités de forme cylindrique, dans lesquelles tournent ces contre-hausses. Cette augmentation devrait accroître l'envahissement des vides par des dépôts limoneux que des chasses seraient sans doute impuissantes à faire disparaître;

3° L'augmentation de la surface des joints des mêmes contre-hausses donnant lieu à des déperditions d'eau susceptibles d'affaiblir la pression intérieure, rendrait plus incertain le jeu des forces motrices. Cela aurait lieu en effet si, comme dans l'hypothèse de M. Desfontaines, on n'augmentait pas d'une manière correspondante la section des orifices de prises d'eau, dont les dimensions sont limitées par la configuration du profil des contre-hausses. L'alimentation insuffisante des tambours devrait donc rendre un peu paresseuses les hausses les plus éloignées de l'origine de ces prises d'eau ;

4° Une grande hauteur donnée aux hausses devrait annuler une grande partie de la petite chute initiale, nécessaire pour déterminer le mouvement de redressement de l'appareil mobile. Quelque bien distribuées que soient les forces dans l'état de stabilité de cet ouvrage, il faut que la pression hydraulique soit assez puissante pour vaincre les frottements qui croissent eux-mêmes avec la charge totale et avec l'oxidation des surfaces frottantes.

Aux barrages de la Marne, on relève d'abord l'appareil du pertuis ; il en résulte, dans l'emplacement de ces ouvrages, un rétrécissement de la section d'écoulement, à la faveur duquel naît un remou assez brusque qui produit cette chute initiale dont on a besoin. En augmentant sensiblement la profondeur de la passe-déversoir, on ne peut que diminuer la même chute ou la force motrice tout en faisant croître les résistances.

Si l'on pense devoir renoncer à l'adjonction d'un pertuis navigable, comme en ont émis la pensée certains ingénieurs, on se prive en partie de cette force motrice initiale, et on enlève, en outre, à la navigation descendante une ressource que d'autres ingénieurs très-compétents regardent comme nécessaire.

5° Enfin, la charge supportée par l'ensemble d'une hausse et de sa contre-hausse croît comme le quarré de la hauteur : il s'ensuit que la fatigue du noyau en fonte qui forme la charnière de ces organes de l'appareil Desfon-

taines, augmente en même temps suivant une progression
assez rapide. Si les dimensions de ce noyau approchent
de celles nécessaires à la résistance, celles du même
organe pour des hausses et contre-hausses plus élevées,
devraient être beaucoup plus considérables ; leur construction présenterait alors des difficultés d'exécution dont
l'appréciation n'a sans doute pas échappé à l'inventeur du
système.

Cette dernière objection qui est celle dont on tient généralement le moins compte dans les propositions d'extension à donner au système-Desfontaines, en en conservant les détails, est cependant une des plus sérieuses.

*Surélévation de la partie mobile du système-Desfon-
taines sans modification des contre-hausses.*

Lors de la construction des barrages de la Marne, il
n'était question dans le programme de sa canalisation que
d'un mouillage de 1^m70 en vue d'un tirant d'eau de 1^m60.

De nouveaux besoins ont révélé, depuis, la nécessité de
relations à établir entre cette rivière et la grande navigation
des Canaux du Nord et de l'Est qui comportent un mouillage de 2^m20 ; cette nécessité a conduit à étudier les
moyens de modifier ses conditions de navigabilité, en augmentant dans le même rapport les retenues des biefs de
cette voie navigable, l'une des principales voies nourri-
cières de la Capitale.

Une étude fut ordonnée en conséquence. Tous
les ingénieurs savent, après une certaine pratique des travaux, qu'il est en général plus difficile de modifier un ouvrage que d'édifier une construction neuve. Cet aphorisme
est encore plus vrai, quand il s'agit d'une innovation
étudiée par l'inventeur sur un programme plus restreint et
dans des proportions qui, suivant lui, devraient approcher
du maximum de son application.

Pour cette étude, nous avions au moins sur la Marne,

des pertuis qui, fermés les premiers après le passage d'une crue, donnaient aux eaux un petit gonflement initial : le relief sur le lit de la rivière de la partie fixe ou du déversoir facilitait en outre la création d'une légère chute motrice, propre à déterminer le mouvement des hausses.

On a fait au barrage de Méry l'essai d'un mode de surélèvement de la retenue, de 0^m50 dont on avait seulement besoin pour réaliser le nouveau mouillage de 2^m20. Ce dispositif n'a sans doute que l'apparence d'un expédient destiné à parer à l'insuffisance actuelle d'un premier mode de canalisation, en l'appropriant aux conditions d'un nouveau programme : néanmoins, sa simplicité nous porte à croire qu'il pourrait, dans une construction neuve, donner sans agrandissement des organes les plus délicats de l'appareil-Desfontaines, un surcroît de hauteur double au moins de celle à laquelle s'était borné l'inventeur.

Passerelle de service.

Dans tout état de cause, il est fort utile d'avoir sur un déversoir une passerelle située un peu au-dessus de la retenue du barrage. Le besoin de cette passerelle s'est fait souvent sentir sur les barrages de la Marne : l'occasion s'étant présentée accessoirement d'en établir une, nous n'avons pas hésité à la proposer. Cette petite passerelle fort légère ne comporte aucune particularité digne de remarque. Elle se compose (Pl. 1 fig. 1) d'une série de fermettes du système-Poirée espacées entre elles de 1^m50. Leur coussinet d'amont est encastré dans une longuerine portée en avant du déversoir proprement dit par une ligne de pieux réunis par des liernes, et rendus, par des moises, solidaires des pieux du vannage du massif en béton.

La charpente additionnelle aurait pu se borner à cette espèce d'échaffaudage fort simple : cependant nous y avons ajouté un bordage de madriers cloués sous la surface des moises : il a pour but de prolonger un peu vers l'amont

par un plancher la partie fixe du déversoir, et de permettre
au besoin de créer une retenue au moyen d'aiguilles ou de
petits madriers s'appuyant contre les fermettes. On pourrait
ainsi, en cas d'accident nécessitant des réparations à
exécuter en dehors d'un chômage officiel, affranchir la
navigation d'une interruption imprévue : on formerait
presque sans frais un batardeau qu'on rendrait même
étanche, au besoin, par l'application sur ce vannage mobile d'une toile goudronnée.

Quant aux coussinets d'aval, ils sont scellés sur la plate-
bande en pierre de taille qui couronne la cavité dans laquelle se meuvent les contre-hausses. Une forme spéciale
les distingue des autres coussinets analogues : comme ils
doivent être placés assez près du bord de la plate-bande,
il a paru utile, pour empêcher la pierre d'éclater, de ré-
partir la pression sur une plus grande surface de ce couronnement : on a donné au socle de ces coussinets une
forme de queue d'aronde.

*Application de surhausses basculantes aux hausses
primitives des barrages construits sous la direction de M. Desfontaines.*

En ce qui concerne le surhaussement proprement dit,
voici comme nous l'avons obtenu : les montants de la
hausse-Desfontaines sont prolongés d'environ 0^m25 par de
légères cornières boulonnées à ces montants (Pl. 1 fig. 1);
de petites ventelles en voliges ou en tôle sont armées de
pentures comportant en leur milieu des tourillons à angle
droit qui, traversant ces cornières, constituent un axe de
de rotation horizontal ou axe de basculement.

On devine maintenant le jeu de ce petit appareil d'une
grande simplicité. L'ensemble de la hausse et de sa
contre-hausse sera toujours sensiblement équilibré, dût-
on, pour compenser le surcroît de poids résultant de l'addition de la ventelle, ajouter à la contre-hausse un petit-

contre-poids proportionnel. Nous n'avons pas eu besoin au barrage de Méry, dans l'expérience en question, de recourir à cette addition.

Après le passage d'une crue, au moment où, les hausses étant couchées sur le couronnement en maçonnerie, les eaux se sont assez abaissées pour que se dessine la petite chute qui crée la pression nécessaire au mouvement, ces hausses se relèvent ; les petites surhausses s'étant effacées au courant, n'ont causé aucun obstacle à ce mouvement sur lequel elles n'ont exercé aucune influence.

Cette première phase de la manœuvre étant accomplie, et le sommet de la hausse venant à émerger de la nappe déversante, la contre-hausse supporte bien vite un surcroît de pression qui augmente la stabilité de l'appareil. C'est alors que le barragiste placé sur la passerelle de service et armé d'un croc de marine, exerce une traction sur le sommet de la surhausse à bascule ou une pression sur sa culasse, et l'oblige à son tour à se dresser verticalement (Pl. 1 fig. 1). Cet effort du barragiste est, dans toute circonstance, très-faible, car cette surhausse est sensiblement équilibrée autour de son axe de rotation.

L'opérateur, en suivant sur la passerelle de service le relèvement des hausses, redresse au fur et à mesure les surhausses à bascule. Il accomplit donc, sans aucun aide, ce redressement à la main presque aussi rapidement que s'effectue le travail de la pression hydraulique, de sorte que cette double opération ne demande pour ainsi dire pas plus de temps que la simple manœuvre primitive. Du reste, la durée des manœuvres de l'appareil Desfontaines ne se compte pas par jours, ni même par heures, comme celle des aiguilles, mais par minutes et par secondes.

Le basculement des surhausses se fait dans des conditions plus favorables encore, et d'une manière automatique. Quand un mouvement ascensionnel des eaux commence à s'accentuer, le centre de pression sur la ventelle dépasse bientôt son axe de rotation ; elle bascule en se plaçant au fil de l'eau. Pour achever l'ouverture du déversoir, le barragiste agit sur les prises d'eau à la manière ordinaire.

Limitation de l'angle de basculement des surhausses.

Lors des essais faits sous nos yeux, plusieurs hausses munies de surhausses étaient en expérience ; deux d'entre elles, n'étant point limitées dans leur basculement, pouvaient décrire un angle un peu plus grand que 90° : elles avaient une tendance à se retourner, et lorsque dans leur mouvement d'abattage, les hausses approchaient de l'extrémité de leur course, le sommet de la volée de ces surhausses semblait venir heurter la béquille. On aurait pu craindre de les voir s'arrêter dans une position intermédiaire si quelque rugosité de cette béquille était venue empêcher le glissement de s'opérer. Cette crainte était, à la vérité, plutôt chimérique que réelle.

Néanmoins, nous y avons paré complètement dans l'essai de deux autres des hausses expérimentées : deux petites équerres fixées sur les appendices des bras de l'appareil limitent à un angle un peu moindre que 90°, le basculement de la surhausse. Cette addition très-simple satisfait aux exigences les plus rigoureuses concernant l'ouverture du déversoir.

D'ailleurs, comme nous le verrons plus loin, les surhausses basculantes en graduant la grandeur de la section d'écoulement, jouent un rôle analogue à celui des béquilles des hausses primitives de M. Desfontaines : ces béquilles pourraient être, dans ce cas, supprimées sans inconvénient ; leur suppression rendrait les hausses plus légères et augmenterait l'influence de l'action de la contre-hausse.

Après le redressement des hausses, les surhausses à basculement limité se trouvent sensiblement horizontales ou présentant une légère pente vers l'amont : une très-faible force suffit pour les redresser à leur tour verticale-

ment ou dans le plan des hausses. Quant à celles à basculement illimité, elles sont tout d'abord sensiblement incli-
nées vers l'aval : le croc de marine, dont fait usage le
barragiste, agit alors avec un bras de lévier moindre que
dans le premier cas : il y a sans doute un peu plus de résistance ; mais l'effort à exercer est encore sensiblement inférieur à la force d'un homme.

En résumé, nous pouvons dire que les surhausses basculantes atteignent complètement le but du projet : elles
réalisent entièrement la pensée d'une notable surélévation
des hausses primitives ; elles donnent à peu de frais le
mouillage de 2m20 dont on avait besoin. On chercherait
en vain la réalisation d'un pareil mouillage par des dra-
gages d'une efficacité sans durée, et qui, à part quelques
exceptions, ne sont, à vrai dire, sur les rivières à régime
fixe comme la Marne, qu'un gouffre pour les crédits qu'ils
engloutissent sans grande utilité.

De cet essai comparatif, il résulte que les surhausses à
basculement limité sont préférables aux surhausses jouis-
sant de toute leur liberté d'action. C'est donc au premier
type qu'il convient d'avoir recours pour doter les déversoirs mobiles du surcroît de hauteur réclamé par la navigation.

Automobilité des surhausses.

Les propriétés de ce petit appareil, prévues par le projet,
se sont donc vérifiées dans l'application. Il en est une qui
ne faisait pas partie obligatoire du programme : elle n'est
en quelque sorte qu'une conséquence un peu fortuite des
dispositions arrêtées pour obtenir un surcroît de retenue :
c'est l'automobilité des petites ventelles basculantes qui,
en temps de crue, évite toute surprise au barragiste. La
section s'agrandit, mais non d'une manière instantanée.
Une petite ventelle parmi les plus sensibles ayant basculé,
il en résulte un surcroît de section d'écoulement qui pro-

duit un abaissement différentiel de la retenue. Si la crue continue à faire des progrès, une seconde ventelle s'incline à son tour, puis une troisième, et ainsi de suite jusqu'à la dernière.

Il est à peu près inutile de faire remarquer que cette tendance à un basculement spontané peut être annihilée : il suffit de placer l'axe de rotation à une hauteur de très-peu inférieure au milieu de la ventelle. Cependant nous croyons qu'il faut bien se garder de négliger une propriété qui est une garantie contre une négligence possible d'un agent. Le degré de sensibilité des surhausses à se mettre en bascule peut être d'ailleurs réglé à volonté par la position que donnerait le calcul ou un simple tâtonnement, à l'axe de rotation.

Surhausses basculantes suppléant à l'action des béquilles.

Nous venons de voir que les surhausses basculantes accomplissent spontanément le rôle assigné aux béquilles de l'appareil primitif de M. Desfontaines, qui, par parenthèse, ne peuvent produire une graduation de la section d'écoulement, qu'avec l'aide du barragiste.

Les surhausses à basculement spontané peuvent largement suppléer à l'action des béquilles qui n'auront plus guères dans l'avenir d'autre mission à remplir que celle de produire, s'il en était besoin, une graduation encore plus marquée de la section d'écoulement.

Il peut se présenter certaines circonstances où l'on ne veuille pas attendre que le niveau d'aval soit assez élevé pour déterminer le basculement automatique des surhausses ; il est alors toujours facile au barragiste placé sur le pont de service, de les faire basculer à la main par une opération inverse de celle de leur redressement : il suffit dans ce cas d'une poussée sur le sommet de la volée, ou d'une traction sur l'extrémité inférieure de la culasse.

Dépenses de l'addition des surhausses.

Au point de vue de la dépense, l'addition à un déversoir construit suivant les idées de M. Desfontaines, de surhausses basculantes et d'une passerelle de service, n'a coûté qu'une somme relativement très-faible. Au barrage de Méry dont le déversoir a une longueur de 49ᵐ50, les frais de cette double addition ne se sont élevés qu'à une somme d'environ 8,750 fr., soit en nombre rond 180 fr. par mètre courant.

Réfutation d'une opinion n'attribuant aux vannes à bascule des pertuis navigables qu'un rôle superflu.

Nous avons entendu un jour un ingénieur distingué critiquer l'emploi des vannes à bascule des pertuis navigables, sous prétexte qu'il faut pour les manœuvrer un pont de service. Ce pont, nous disait-il, est un véritable barrage, puisqu'il suffit d'y ajouter l'approvisionnement d'un certain nombre d'aiguilles pour fermer la rivière. Dès lors, les vannes font double emploi : elles sont une superfétation inutile.

Mais notre interlocuteur oubliait que la construction d'un pont de service nécessite celles d'un radier, d'un arrière-radier de pile, culée, etc., ouvrages qui constituent la partie à beaucoup près la plus importante et la plus coûteuse du barrage : il ne remarquait pas que l'addition des vannes n'augmente les frais que dans une très-minime proportion, que moyennant ce léger surcroît de dépenses, on obtient : le déversement superficiel, l'automobilité, l'étanchéité, la facilité et la rapidité de manœuvres que ne sauraient donner de simples aiguilles.

Ce petit supplément de frais est donc, par les avantages

3

qu'on en retire, de l'argent placé à très-gros intérêt. Et puis, en cas d'accident, on peut, par cette économique mesure de précaution, éviter à la navigation de longs chômages et une ruineuse inaction.

Il est toujours prudent, dit un vieux proverbe, d'avoir deux cordes à son arc, surtout quand on peut le faire presque sans dépense. Ce dicton qui s'est transmis d'âge en âge, comme une preuve du bons sens de nos aïeux, ne saurait trouver une confirmation plus lumineuse que dans le sujet qui nous occupe spécialement.

La petite digression qui précède s'applique, en effet, mot pour mot, à l'extension que peut recevoir, par l'addition d'un léger pont de service, l'ingénieux appareil de M. Desfontaines.

Autre mode d'exhaussement des déversoirs mobiles de la Marne essayé concurremment avec le précédent.

L'addition faite à l'appareil du barrage de Méry n'a reçu cette application qu'à titre d'essai.

La retenue des autres barrages-Desfontaines a été augmentée par un procédé plus élémentaire, prévu dans un contre-projet, et dont il ne nous semble pas à propos d'encourager la propagation. Ce n'est en quelque sorte que le maintien définitif d'un expédient adopté d'urgence sous forme provisoire pour satisfaire à de pressantes sollicitations de la batellerie. Il est toutefois nécessaire d'en faire ici l'exposé, puisqu'il a été proposé comme amendement au projet qui précède, et appliqué aux barrages de la Marne autres que celui de Méry.

Il ne comporte aucun pont de service : les montants des hausses sont prolongés par des cornières dépassant d'au moins 0^{m}30 la hauteur à donner au surélèvement de la retenue, c'est-à-dire d'environ 0^{m}80 le niveau primitif. Contre ces appendices, on appuie des panneaux en voliges, de 1^m49 sur 0^m50, lesquels constituent les surhausses proprement dites. Chaque fois qu'ils doivent être mis en place, on les apporte d'un magasin ou d'un lieu de dépôt où ils sont remisés pendant les crues, puis posés à la main un à un.

Pour cette opération, l'auteur du contre-projet admettait qu'on ferait usage d'un petit bateau : l'emploi de cette embarcation n'est pas seulement très-difficile, il est encore fort dangereux. La position d'un pareil bateau serait sans doute plus stable, quoique laissant encore beaucoup à désirer, si, après le passage d'une crue, on attendait que la retenue descendît au niveau prévu par le programme primitif, de manière à supprimer complètement la lame déversante. Mais il est alors trop tard pour effectuer la pose des surhausses, et l'affammure du bief expose les bateaux en circulation à ne plus y trouver le tirant d'eau sur lequel ils ont compté en s'y engageant. On ne peut donc pas attendre pendant le déclin d'une crue, que le niveau soit descendu assez bas pour annihiler la lame déversante. Dès lors, il suffit de s'être trouvé soi-même dans une embarcation flottant au-dessus d'une pareille nappe d'eau, pour comprendre que ce n'est pas là une opération pratique dans le vrai sens du mot.

Les barragistes, mis sur leurs gardes par certaines tentatives malheureuses, préfèrent, pour éviter la position critique qui leur était faite, en affronter une autre qui n'est guère plus satisfaisante. Quand il y a une lame déversante au-dessus de la crête des hausses, ils descendent sur le couronnement à l'aval de celles-ci, appliquent contre les montants prolongés les surhausses volantes qui leur sont apportées au fur et à mesure, en s'abritant le mieux qu'ils peuvent derrière celles déjà posées, contre des douches parfois glaciales.

C'est à ce dernier procédé, préféré par les barragistes à celui du batelet préconisé par l'auteur du contre-projet, qu'ils ont recours aujourd'hui, faute de mieux, et à l'application duquel nous croyons, dans un but humanitaire autant qu'utile au service, devoir conseiller de renoncer le plus tôt possible.

Un panneau de surhausse en chêne de 1^m49 de longueur, 0^m50 de hauteur et de 0^m03 d'épaisseur moyenne, pèse environ de 14 à 15 kilogrammes; en sapin, son poids serait encore de plus de 11 kil. On peut juger par ces dimensions et ce poids, si la pose à la main d'une série nombreuse de panneaux semblables, et ultérieurement leur remise en magasin, sont des opérations pratiques dans la véritable acception du mot.

La dépose des surhausses volantes entraîne d'ailleurs par leur dispersion un certain déchet annuel. Le chiffre de cette perte s'ajoute à celui des heures d'ouvriers auxiliaires dont il est indispensable de réclamer le concours, et qu'on ne trouve pas toujours à sa disposition, au moment voulu. Le total s'élèvera certainement à une somme qui, capitalisée, dépassera de beaucoup l'excédent de frais d'établissement du premier système sur le second.

Si la manœuvre de transport de matériel et de pose des surhausses par la méthode qui précède est déjà fort pénible, et peut avoir de fâcheuses conséquences, celle d'ouverture ne présente guère moins d'inconvénients.

D'abord, les surhausses conçues dans le contre-projet ne sont pas automobiles. Elles ne présentent pas, comme les surhausses à bascule, l'avantage de faire varier les sections d'écoulement par degrés presque insensibles, au fur et à mesure du progrès de la crue. C'est donc à la suite des manœuvres de la prise d'eau, qu'elles doivent être emportées par le courant au moment de l'abaissement des hausses, puis recueillies plus ou moins difficilement et incomplètement au moyen d'un batelet circulant à l'aval du barrage à la recherche des panneaux flottants. Il est vrai que parmi ces panneaux, il en est qui, par une certaine adhérence, restent collés contre le prolongement des montants des hausses. Leur détachement pour une pose ultérieure, puis leur rangement en dépôt est une

manœuvre longue et difficile, exigeant le concours de plusieurs ouvriers.

On a bien proposé depuis, d'établir transversalement à
la rivière un câble enfilé dans des anneaux fixés aux surhausses volantes. On espère ainsi que ces dernières, au
moment de l'ouverture, resteront suspendues au câble, et
qu'il sera facile de les ramener à la rive : mais cette manœuvre réclamera encore du monde et du temps.

Il sera d'ailleurs impossible de réaliser par cette modification, un enlèvement partiel des surhausses pour graduer
la section d'écoulement. Les panneaux suspendus, enche-
vêtrés les uns dans les autres, entraîneront bientôt, sous
l'impulsion du courant, et avant le moment voulu,
l'entière ouverture du déversoir.

Les manœuvres des surhausses volantes varient un peu
suivant les aptitudes et l'adresse des agents. A certains
barrages, l'éclusier commence par enlever une à une, à la
main, chacune de ces surhausses. Mais cet enlèvement
exige l'emploi d'un bateau et l'amoindrissement de la
retenue au-dessous de son niveau normal.

La graduation d'ouverture ne se faisant pas automatiquement, le barragiste ne peut se mettre en garde contre
les conséquences d'une crue survenant pendant la nuit.

Par le procédé des surhausses volantes posées à la main,
il devient presque impossible de faire usage des béquilles
qui dans le projet de M. Desfontaines permettent de graduer la section d'écoulement, au moment de l'arrivée
d'une crue. On sait, en effet, que lorsque les hausses à
demi-ouvertes reposent sur ces points d'appui, il faut,
avant de les abaisser complétement, les redresser d'abord
par le jeu des pressions hydrauliques, déplacer ensuite la
barre à coches pour achever, par une seconde manœuvre
inverse de la première, l'entière ouverture des hausses.
Or, comme au moment où ces hausses étant encore debout,
la crue commence à se dessiner nettement, et que la chute
du barrage est bien diminuée, il peut arriver que la pression
intérieure sur la contre-hausse ne puisse dominer la pres-

sion extérieure pour la contre-manœuvre intermédiaire. La barre à coches ne peut plus se mouvoir, et le déversoir reste à demi-ouvert sans qu'on puisse faire démarrer les hausses de cette position.

On comprend facilement la valeur de cette objection et les fâcheuses conséquences d'une telle éventualité. Dans tous les cas, l'emploi des hausses volantes oblige le barragiste à être excessivement attentif à saisir le moment le le plus propice à leur enlèvement. Mais si l'opportunité s'en fait sentir pendant la nuit, le barrage sera exposé à rester en partie fermé pendant toute la durée de la crue. On peut s'imaginer, par l'exemple de ce qui s'est passé sur d'autres vallées, les perturbations dont cette omission d'une ouverture en temps utile, peut devenir la cause.

Au moyen des petites surhausses basculantes, cette incertitude disparaît : d'abord, par leur basculement spontané, elles suppléent à peu près complètement à l'action des béquilles dont on peut à la rigueur négliger le concours. Si, ensuite, on veut obtenir une graduation d'ouverture plus accentuée, la présence de ces surhausses ne paralyse plus le jeu des pressions hydrauliques, et n'empêche pas le redressement momentané à effectuer pour rendre possible le roulement de la barre à coches sur ses galets.

Les surhausses volantes posées péniblement à la main, puis rassemblées et remisées de la même manière, forment un fâcheux contraste avec les hausses qui se meuvent sous la pression de l'eau, pour ainsi dire au commandement du barragiste. Leur addition dénature la belle économie des projets de l'auteur de la canalisation de la Marne et en défigure l'élégante simplicité.

Il faut remonter dans l'histoire de l'art, aux premiers essais de hausses mobiles (système Thénard), pour retrouver un genre de manœuvre analogue à celui de la pose à la main des surhausses, procédé auquel on avait renoncé depuis longtemps. Il paraît en effet peu rationnel de faire revivre, à propos du système Desfontaines, un mode d'opérer que l'expérience, il faut bien le reconnaître, avait déjà condamné.

Les petites surhausses basculantes que nous venons de faire connaître, donnent au contraire, dans une juste mesure, satisfaction au désir naturel d'une extension, exprimé par les nombreux admirateurs de l'œuvre de M. Desfontaines. Rien n'empêcherait d'ailleurs de les introduire dans l'étude faite *à priori* de projets de ce système de barrage. C'est ce que nous allons examiner dans la seconde partie de cette Notice.

DEUXIÈME PARTIE

---

*Prévisions d'avenir du système de barrage-
Desfontaines.*

Dans la première partie de cette étude, nous avons eu
surtout en vue d'approprier les barrages déjà construits
suivant le système Desfontaines à des conditions nouvelles,
exigeant une hauteur de retenue dépassant de 0^m50 celle
primitivement réalisée. Nous avons montré que ce but
pouvait être atteint à l'aide d'un expédient fort simple, en
rendant compte d'expériences faites sur certaines dispositions additionnelles qui n'entraineraient qu'à un supplément de dépenses relativement très-faible.

Nous avons en même temps fait pressentir que le même
procédé serait applicable à des constructions neuves
dont les hausses pourraient recevoir une hauteur plus
considérable encore. Cette seconde partie a pour objet
d'exposer comment, dans le cas où il ne s'agirait plus
d'une simple appropriation d'un ouvrage existant à une
nouvelle destination, on pourrait donner à la partie apparente de l'appareil mobile une hauteur au moins double
de celle de la contre-hausse dissimulée dans la cavité du
massif.

Nous nous proposons en outre de décrire un mode de
réglementation de la pression intérieure qui permettrait
de faire du barrage un véritable régulateur automatique
de la retenue de son bief. Cette disposition produirait, en
effet, suivant les prévisions de la théorie, l'ouverture
spontanée du barrage à l'apparition des crues, et sa fermeture également spontanée après leur passage, fermeture
s'effectuant au moment où, sur leur déclin, le niveau des

eaux ne donnerait plus que le mouillage réclamé par la
navigation.

La solution de cette seconde partie du problème répon-
drait sans doute à la pensée intime de M. Desfontaines qui
avait cherché à ne faire intervenir la main de l'homme
dans les manœuvres de son système de barrage que
d'une manière secondaire, et dans la mesure de ce qui
est indispensable.

Nouvelle extension projetée pour le barrage-Desfontaines.

Nous avons vu, dans la première partie de cette notice,
comment, au moyen de petites surhausses basculantes, on
peut augmenter la partie mobile apparente du système,
sans modifier la contre-hausse.

Cette combinaison de l'appareil Desfontaines avec le
système des vannes à bascule, pourrait dans une construction entièrement neuve, réaliser, sans donner prise aux
objections que nous avons analysées, une hauteur à peu
près double de celle en usage. Ainsi, tout en conservant
aux contre-hausses un rayon d'environ 1^{m}00, il serait facile de donner au relief de la partie mobile, une hauteur
d'au moins 2^{m}00.

Outre la réduction de prix par mètre courant, qu'on
pourrait obtenir sur le mode d'exécution primitif, on di-
minuerait au moins de moitié la longueur totale du déversoir. N'ayant plus besoin d'élargir le lit de la rivière dans
l'emplacement des barrages, pour restituer au cours d'eau
sa section naturelle, on réaliserait d'importantes écono-
mies sur chacun de ces ouvrages d'art.

Il n'est sans doute pas inutile, maintenant que ce système a fait ses preuves dans le domaine pratique des constructions hydrauliques, et qu'un premier pas a été accom-
pli dans la voie des extensions, d'entrer plus avant dans
cet ordre d'idées.

Fusion du système-Desfontaines et du système des Vannes à bascule.

On peut, par une fusion du système Desfontaines avec celui des Vannes à bascule douées d'automobilité, obtenir une graduation presque différentielle de la section d'écoulement de la rivière.

Les résistances passives étant bien diminuées par une réduction de la hauteur de la hausse, la pression motrice sur les contre-hausses n'aurait plus besoin d'être ménagée avec autant de soin. Dès lors, les déperditions d'eau sur le pourtour de ces contre-hausses, déperditions contre lesquelles M. Desfontaines s'était mis en garde par l'addition de garnitures en caoutchouc vulcanisé, ne seraient plus autant à redouter. On éviterait ainsi l'emploi de matières organiques d'une usure assez rapide et qu'on est obligé de remplacer à de courtes périodes. S'introduisant d'ailleurs par l'effet de leur flexibilité, dans le joint qu'elles ont pour but de calfater, ces garnitures ajoutent une nouvelle résistance passive à celles qui existent déjà naturellement. Leur glissement alternatif dans deux sens opposés explique cette introduction.

Les surhausses basculantes donnant à la partie mobile d'un déversoir une hauteur à peu près double de celle des contre-hausses, seraient assurément plus faciles à redresser verticalement que les petites surhausses additionnelles de 0^{m}50, expérimentées sur la Marne : elles offriraient, en effet, au croc de marine manié par le barragiste, un plus grand bras de levier.

Modification projetée des diaphragmes des déversoirs.

Une des difficultés de l'extension de l'appareil Desfontaines est, avons-nous dit, de donner de grandes dimen-

sions aux diaphragmes ou cloisons séparant les compartiments du massif en maçonnerie, et d'augmenter les dimensions de la prise d'eau pour compenser les pertes d'eau
produites sur le périmètre des contre-hausses. On peut
tourner ces deux écueils au moyen de la disposition sui-
vante :

En donnant à ces diaphragmes et à leurs orifices des dimensions plus grandes que celles réservées dans les
plaques de fonte en usage sur la Marne, on pourrait com-
poser ces cloisons de forte tôle enserrée entre deux cornières (Pl. 1 fig. 2 et 3, et Pl. 2 fig. 3), ou encore de deux
feuilles de tôle embrassant la branche verticale d'un
fer à T.

Le noyau ou charnière par laquelle s'effectue la rotation de l'appareil Desfontaines, constitue un des organes
les plus délicats de cet appareil. Quelques-unes de ces
charnières se sont rompues dans les premières expériences, et ont dû être remplacées par des pièces de
rechange. Quelques autres se sont un peu fendues, tout en
continuant à faire leur service. Il n'en est pas moins vrai
que ces pièces de fonte d'apparence assez massive four-
nissent un travail assez voisin de leur limite de résistance.
Il serait peut-être imprudent de leur faire supporter, en
leur conservant leur forme et leurs dimensions actuelles,
une charge sensiblement supérieure à celle qu'elles su-
bissent dans les barrages de la Marne.

Rien ne nous paraît empêcher d'en augmenter la résistance de manière à permettre un accroissement corrélatif
de la hauteur de la partie mobile du déversoir.

On peut, en effet, ajouter des colliers en fer sur l'arma-
ture supérieure de la cloison qui comporte deux nervures
ou cornières se prêtant à cet assemblage : un arbre de rotation traversant à la fois ces colliers et les ouvertures cir-
culaires réservées dans les montants communs aux hausses
et aux contre-hausses, complète la charnière, (Pl. 1 fig. 2
et 3). Dans l'intervalle de ces montants, un noyau en fonte
avec ailettes est également traversé par le même arbre de

rotation. Nous avons à peine besoin de faire remarquer que ce noyau ne constitue pas, comme dans les modèles en usage, la charnière proprement dite des hausses : il ne doit plus remplir que le rôle de manchon ou de couvre-joints, n'ayant pour ainsi dire à résister à aucun effort. L'ailette d'amont s'appuie sur la semelle d'un fer à T transversal à l'axe de la rivière, et sur lequel vient reposer la couverture en tôle qui constitue le plafond du compartiment antérieur de la chambre des contre-hausses. L'ailette d'aval vient également s'appuyer sur un autre fer à T qui reçoit le bord de la plaque de recouvrement du compartiment postérieur.

Ce système de diaphragmes permet d'agrandir vers l'amont l'orifice de la prise d'eau qui produit la pression motrice. Il n'est pas inutile de faire observer d'ailleurs que l'augmentation notable de la hauteur des hausses entraîne une diminution correspondante de la longueur du déversoir, et que par suite la longueur de l'aqueduc étant très-réduite, on n'a même pas besoin d'une aussi grande abondance d'eau pour parer aux pertes faites sur le pourtour des contre-hausses dont le nombre est lui-même notablement diminué.

Ainsi, augmentation des ressources, et diminution des besoins, tel est le résultat de la disposition précédente.

Possibilité d'adopter des contre-hausses d'un plus grand rayon que celles des barrages déjà construits.

Une pareille disposition permettrait sans aucun doute d'adopter des contrehausses d'au moins 1^{m}50. Des hausses, surmontées de surhausses basculantes, formeraient, sans sortir des conditions pratiques, un écran de 2^{m}25 à 2^{m}50, constituant la partie mobile apparente du déversoir. Cet écran d'une hauteur relativement élevée pourrait ou s'opposer, ou s'effacer au courant, suivant le jeu des prises d'eau.

Dans l'hypothèse des modifications que nous venons de décrire, il suffit de mettre le compartiment antérieur de la chambre des contrehausses alternativement en communication avec le bief d'amont et le bief d'aval. Deux ventelles ayant leurs tiges attachées aux extrémités d'un balancier, sont manœuvrées en même temps par quelques tours de clef.

Le nouveau point de vue sous lequel nous envisageons le système-Desfontaines rend d'ailleurs sa construction aussi simple et aussi pratique que son entretien. Les couvertures de la cavité où se meut la contrehausse, n'ont pas besoin d'être assujetties par des boulons : elles peuvent se réduire à de simples couvercles à charnières, se relevant vers l'amont quand le besoin se fera sentir de visiter la cavité de cette contre-hausse. Cette forme a été imaginée et appliquée pour le couvercle d'amont à quelques barrages par **M.** l'Inspecteur général **Lalanne**.

Ce couvercle d'amont supportera des pressions verticales dont la résultante agira de haut en bas, quand elle ne sera pas nulle.

Quant au couvercle d'aval, il sera toujours également pressé sur ses deux faces : il n'aura, pour ainsi dire, d'autre rôle à remplir que celui de garantir le compartiment postérieur de la cavité contre un envahissement des corps roulants ou flottants entraînés par les eaux : mais il ne contribuera pas au jeu du mécanisme des pressions.

Manœuvre automatique des déversoirs-Desfontaines produisant l'ouverture ou la fermeture de la passe au moment opportun.

La manœuvre effectuée par un mouvement de ventelles n'exige qu'une faible dépense de force, et est aussi simple que possible. Cependant elle n'est pas automatique : il est vrai, comme nous l'avons déjà fait remarquer plus haut, que l'automobilité des surhausses gradue la section d'écoulement dans la mesure nécessaire, et prévient toute surprise. Mais malgré cette satisfaction donnée aux exigences les plus rigoureuses pour les cours d'eau d'un régime paisible, nous ne saurions, en vue de l'application possible du système-Desfontaines à quelque rivière torrentielle, passer sous silence une manœuvre permettant, dans le cas d'une crue subite, l'ouverture automatique du barrage, suivie d'une fermeture également spontanée pendant la baisse des eaux.

Ce double effet peut s'obtenir au moyen d'un appareil composé de deux ventelles conjuguées dont nous avons donné la description en 1870 dans une brochure intitulée : « *Note sur un projet de Barrage-régulateur, applicable aux déversoirs et aux pertuis navigables* ». Cet appareil dont la description est reproduite dans le Cours de Navigation intérieure de M. de Lagrenée, et qui rend complètement automatique le barrage, non-seulement pour son ouverture à l'apparition d'une crue, mais encore pour sa fermeture pendant son déclin, ne satisfait pas à une des conditions que s'était imposées M. Desfontaines. Il avait voulu pouvoir, à un moment donné, renverser le sens de la pression sur la contre-hausse pour abattre son appareil, dans le cas où par suite d'un engorgement vaseux ou d'un accroissement quelconque de résistances passives, la pression supérieure ne suffirait pas pour déterminer cette manœuvre.

Le frottement de la garniture en caoutchouc sur les parois du tambour, augmentait aussi cette appréhension.

Dans sa combinaison, ce renversement de la pression intérieure actionnant la contre-hausse, devrait produire un moment du même signe que celui qui agit sur la hausse, et triompher de toutes les résistances.

Mais nous avons remarqué dans la pratique, que ce n'est jamais pour l'abattage, que les hausses manifestent quelque paresse à se mouvoir. Une pareille tendance ne se produit que pour le relevage dans certains cas particuliers, c'est-à-dire lorsque, après le passage d'une crue, on veut barrer trop tôt la rivière, et alors que la petite chûte initiale nécessaire à cette manœuvre n'est pas encore assez prononcée.

Nous avons fait observer que dans la combinaison proposée, les résistances passives sont bien diminuées, et que la crainte d'une certaine entrave au mouvement d'abaissement avait complétement disparu. Le renversement de la pression intérieure n'est donc plus indispensable ; dès lors, l'automobilité dans le sens le plus absolu du mot (ouverture et fermeture du déversoir), ne serait plus simplement une conception théorique, mais encore une propriété pratique des hausses-Desfontaines, surmontées de surhausses basculantes.

Dans notre hypothèse, le compartiment d'amont devrait être alternativement en communication avec les biefs supérieur et inférieur, tandis que celui d'aval resterait constamment en rapport avec le dernier.

Or, supposons dans l'aqueduc de prise d'eau de la pile et en amont du premier orifice transversal, (Pl. 2 fig. 1), une ventelle pouvant tourner autour d'un axe horizontal, situé un peu au-dessous du milieu de sa hauteur, dans le sens indiqué par la flèche ; elle viendra s'appuyer contre un seuil placé en amont.

Imaginons, d'un autre côté, une seconde ventelle semblable à la première, située à l'aval du même orifice, et tournant en sens contraire de celle-ci, autour d'un axe placé à la même hauteur que le premier. Ces deux ventelles sont rendues solidaires par une bielle d'une longueur calculée pour que, l'une étant debout, l'autre soit en bascule.

Dans l'état des basses eaux, le centre de pression étant situé au-dessous de l'axe de rotation, la ventelle d'aval est relevée, et sa conjuguée d'amont horizontale. Le compartiment antérieur de la chambre des contre-hausses est alimenté, et les hausses du déversoir redressées. Une crue vient-elle à se produire, le centre de pression remonte au-dessus de l'axe de rotation, la ventelle d'aval bascule à son tour, tandis que celle d'amont se dresse verticalement.

Le même compartiment antérieur se trouve isolé du bief d'amont et en communication avec le bief d'aval. Les contre-hausses étant alors dans un milieu stagnant, n'éprouvent plus d'inégalité de pression sur leurs deux faces. Les hausses s'abaissent et le barrage ne fonctionne plus.

L'effet contraire se produira après le passage de la crue, et lorsque pendant son déclin, le niveau aura atteint la cote indispensable à la navigation, le mouvement automatique des deux ventelles conjuguées de la pile aura lieu pour fermer le déversoir.

La position de l'axe de rotation des ventelles peut être déterminée par le calcul, ou même plus pratiquement encore, par un petit tâtonnement facile à effectuer pour satisfaire à cette condition du problème.

Réflexions sur l'automobilité des barrages.

Il ne faut sans doute pas attacher une importance exagérée à cette question d'automobilité du déversoir dans les deux sens. Nous n'avons pas voulu dire que le barrage n'aurait plus besoin d'être sous la surveillance d'un agent préposé à ses manœuvres, et qu'on pourrait faire une économie de personnel. Une pareille hypothèse serait d'autant moins admissible que, le plus souvent, au barrage est annexée une écluse, au service de laquelle est forcément attaché un éclusier. Cet agent est à la fois chargé des manœuvres des deux ouvrages.

Néanmoins, au commencement et au déclin des crues, une grande vigilance est nécessaire, avec les anciens systèmes de barrage, pour régler la retenue. Or, cette vigilance peut être en défaut, surtout si le niveau, auquel correspondent les manœuvres à effectuer, vient à se produire pendant la nuit. L'automobilité garantirait alors, d'une part, l'intérêt des riverains contre les conséquences d'un débordement prématuré, et de l'autre, celui de la batellerie, contre l'abaissement des biefs au-dessous du niveau règlementaire.

D'ailleurs, lorsque la rivière éprouve des variations sensibles dans les environs de ce niveau, le service de l'écluse peut être assez continu pour réclamer tout le temps de l'éclusier, et l'empêcher de se livrer aux soins que demandent aussi les manœuvres du barrage.

Nous devons ajouter que divers barrages sont construits en tête d'une dérivation dont l'écluse est située à une certaine distance en aval. Ces ouvrages sont ordinairement sous la surveillance d'un garde assujetti à des tournées et qui ne peut même pas les visiter tous les jours, si sa garderie est un peu étendue (1). Les avantages de l'automobilité sont encore, dans ce cas, incontestables.

Les vannes à bascule de certains barrages mobiles de la Seine et de la Marne ont montré parfois un petit excès de sensibilité, en s'inclinant spontanément un peu trop tôt. Les adversaires du système ont vu dans cette spontanéité d'ouverture prématurée, un argument pour le condamner. On a facilement remédié à cette petite exagération d'une qualité par une tension des chaînes de volée ou par l'emploi de tiges à crochets. Mais il est aisé de voir que par un déplacement des colliers de 2 ou 3 centimètres, c'est-à-dire par une légère diminution du rapport de la volée à la culasse, on peut augmenter la stabilité des vannes, et même en annihiler complètement l'automobilité. Néanmoins, l'abandon de cette propriété importante ne semble pas devoir être conseillée.

La critique que nous venons de citer n'avait sans doute pas besoin d'une réfutation. Aussi, n'en parlons-nous que parce qu'elle a pu entraîner certaines opinions indécises, et que l'occasion se présente incidemment de le faire.

Négliger l'automobilité des petites surhausses à bascule introduites dans l'appareil Desfontaines serait, à notre

(1) Le barrage de Damery, sur la Marne, le premier construit suivant le système Desfontaines, présente cette particularité.

avis, une faute que nous regretterions d'avoir commise, bien qu'elle fût à tout moment facilement réparable.

Manœuvre à la main des ventelles de prises d'eau.

Nous avons exposé comment les deux ventelles solidaires de prise d'eau obéissent spontanément à la pression de la chute, en produisant une ouverture ou une fermeture du déversoir, suivant l'état de la rivière. Mais nous avons montré, d'un autre côté, qu'il pourrait être utile d'effectuer à la main les mêmes manœuvres, sans attendre la spontanéité du mouvement. Le petit mécanisme destiné à cette opération peut être réduit à une grande simplicité.

Une chaîne présentant assez de mou pour donner aux ventelles la liberté de se mouvoir automatiquement, s'il était nécessaire, s'attache aux deux extrémités de la bielle de réunion, en faisant dans l'intervalle quelques tours sur un tambour à empreintes, logé dans le couronnement de la pile.

On reconnaît facilement sur la figure 1 de la planche 2, qu'en imprimant au cylindre une rotation dans un sens ou dans l'autre, on peut obtenir alternativement le basculement ou le redressement des ventelles.

Quant à ce tambour, on peut lui imprimer un mouvement de rotation alternatif dans les deux sens, soit au moyen d'un levier à encliquetage (Pl. 2, fig. 4, 5, 6, et 7), soit par l'intermédiaire d'une roue centrée sur le même arbre que le cylindre et engrenant avec un pignon conique sur l'arbre duquel s'adapterait une clef ou une manivelle verticale.

Le premier genre de treuil économise de la force et donne un grand effet utile, puisqu'il n'y a pour ainsi dire pas de frottement : ce résultat n'a d'ailleurs qu'une importance secondaire, la résistance à vaincre devant toujours être assez faible.

Le second mécanisme se prêterait à une manœuvre

tout-à-fait analogue à celle que le plus généralement on emploie pour l'ouverture et la fermeture des portes d'écluse.

Quel que soit le genre de treuil auquel on ait recours pour une manœuvre à la main, il est évident que l'application du principe des ventelles automotrices en est indépendant.

Nouveau rôle attribué aux béquilles des hausses munies de surhausses à bascule.

Dans la combinaison que nous venons de décrire, et qui nous semble digne d'être essayée sur une rivière à canaliser, on pourrait supprimer les béquilles des hausses qui n'auraient plus en général qu'une utilité contestable. Rien n'empêcherait toutefois d'en continuer l'usage, bien qu'elles n'aient plus qu'un rôle très-effacé, et que le surcroît de poids qu'elles ajoutent à la hausse puisse retarder, mais d'une manière peu sensible à la vérité, l'instant de la fermeture du déversoir.

Il est cependant un cas où il peut être utile de réclamer leur concours, mais en leur assignant une mission différente de celle que leur attribuait M. Desfontaines. Les béquilles adaptées aux hausses avaient originairement pour but de permettre de graduer, par une demi-inclinaison de ces hausses, la section d'écoulement de la rivière.

Mais nous avons fait remarquer que par l'emploi des surhausses à bascule, on pouvait ne donner aux contre-hausses, qu'une hauteur très-modérée, et que l'exiguité de celle-ci est fort importante : la chute initiale nécessaire au départ des hausses en temps opportun, dans la manœuvre de relevage, la propreté de l'intérieur des tambours, la résistance du noyau formant charnière, dépendent en effet du rayon de ces tambours.

La surhausse s'effaçant au courant, la partie extérieure de l'appareil ne supportera qu'une faible pression dont le moment sera facilement dominé par celui de la pression intérieure. Une fois la hausse relevée verticalement, la béquille retombera derrière l'arrêt de la barre à coches qui lui servira de point d'appui ; c'est alors que le barragiste, armé d'un croc de marine, redressera la surhausse dans le même plan vertical. Il se produira bientôt un renversement dans la prédominance entre les moments des pressions intérieure et extérieure. Le second l'emportera sur le premier : les hausses ne se maintiendront plus debout que soutenues par leurs béquilles.

Plus tard, quand on voudra ouvrir le barrage, soit que la surhausse ait basculé spontanément, soit qu'on ait opéré cette manœuvre à la main, le moment de la pression intérieure reprendra le dessus, et la béquille ne pèsera plus sur son arrêt. La barre à coches pourra être déplacée sans difficulté, et tout le système s'abaissera par le jeu des ventelles de prise d'eau.

Le nouveau rôle rempli par les béquilles devient alors analogue à celui des arcs-boutants des vannes à bascule sur chevalets, en usage pour les passes navigables. Il y a cependant cette différence que la *barre à coches* des premières n'a à vaincre que sa propre résistance au roulement, tandis que *la barre à talons* du second appareil doit surmonter, en outre, celle du frottement de glissement des arcs-boutants sur le front du heurtoir. La manœuvre de la barre à coches doit donc être être plus facile que celle de la barre à talons.

On conçoit que par la combinaison des surhausses à bascule et des béquilles, on puisse donner à l'ensemble de la partie mobile extérieure du déversoir, une hauteur même supérieure au double de celle de la contre-hausse : il ne serait plus indispensable, en effet, que dans l'état de fonctionnement du barrage, le centre de pression se trouvât au-dessous de l'axe de rotation. Avec une contre-hausse n'ayant que 1^m00 de rayon, on pourrait facilement élever la hauteur de la partie mobile apparente à 2^m00 ou 2^m20.

Le moment de la réaction des béquilles n'ayant à donner qu'un appoint assez faible à celui de la pression sur les contre-hausses, ces petits·supports seraient naturellement assez légers.

Le nouveau rôle attribué aux béquilles par l'adoption des surhausses basculantes, permettrait, sans changer la profondeur de la cavité dans laquelle se meut la contre-hausse, d'agrandir notablement le champ des applications de l'appareil-Desfontaines.

Il est bon de remarquer que les déversoirs de la **Marne** qui ont 49ᵐ50 de longueur, sont desservis par deux barres à coches d'environ 25ᵐ00 : Si le mouvement de translation de ces barres s'effectue sans difficultés, à plus forte raison, celui des barres actionnant des hausses de déversoirs, d'une longueur moitié moindre, serait-il une opération pratique dans le véritable sens du mot.

Par l'emploi de fers divers qui se trouvent dans les échantillons de l'industrie métallurgique, l'installation d'un déversoir-Desfontaines, notablement exhaussé, serait aussi simple que relativement peu coûteux. L'exécution des pièces, en petit nombre, travaillées à chaud, n'offrirait aucune difficulté de forge ou d'ajustage. Elle serait à la portée de la plupart des entrepreneurs de serrurerie.

Pertuis employé d'une manière générale comme passe navigable.

Les pertuis ou passes navigables de la **Marne** ont reçu une largeur presque inusitée de 25ᵐ00. En adoptant cette disposition, on a eu sans doute en vue de ménager la transition entre la profondeur de ces pertuis et celle des passes non navigables ou déversoirs, dont la partie mobile n'a qu'un relief de 1ᵐ00 sur le couronnement. Une réduction de cette ouverture aurait conduit à augmenter du triple (1)

____

(1) Rapport de la hauteur des vannes des pertuis à celle des hausses des déversoirs de la Marne.

au moins la longueur du déversoir, pour restituer à la rivière une section d'écoulement équivalente à celle de son lit naturel.

Cette grande largeur accroît la durée des manœuvres de son appareil mobile. Si l'on voulait ouvrir cette passe à la navigation, comme on le faisait autrefois avant l'établissement des écluses, il serait à craindre d'abord que presque toute la rivière trouvant à écouler son débit par le pertuis, il n'en résultât bientôt une affamure du bief, créant une grande gêne, sinon même un véritable danger pour la navigation. Il pourrait arriver aussi que la chûte du barrage finît par s'affaiblir au point de ne plus maintenir debout les hausses du déversoir. Le temps nécessaire à la fermeture des deux passes et au relèvement du niveau d'amont serait une entrave à la circulation des bateaux. Aussi, ne fait-on guère usage sur la Marne des pertuis comme passes navigables.

Cependant, il convient en général de ne pas renoncer à donner aux pertuis, comme autrefois, cette destination. Les trains de bois et certains bateaux descendants trouveraient, en eaux moyennes, de sérieux avantages à profiter dans leur traversée d'une impulsion du courant qui leur servirait de véhicule. Cet emploi donné, ne fût-ce que d'une manière secondaire aux pertuis, déchargerait d'autant le service de l'écluse dont les abords, pour une circulation un peu considérable, sont souvent encombrés par les bateaux ou trains qui attendent leur tour de passage. Le temps ainsi perdu représente pour l'industrie des transports des sommes d'argent assez importantes. C'est le cas de répéter une maxime d'une nation éminemment douée de sens pratique : *Times is money.*

En abaissant le couronnement de la partie fixe du déversoir et en augmentant de la même quantité la hauteur de la partie mobile, on pourrait diminuer la grande largeur de 25^{m}00, que le relief prononcé de la première obligeait de donner au pertuis. Si l'on réduisait, comme au temps où il n'y avait pas d'écluses, cette largeur à 12 ou

15 mètres au plus, il est probable qu'on utiliserait fréquemment ce pertuis comme une véritable passe navigable, tout au moins pour les trains de bois flottés et les bateaux descendants.

De plus, on n'aurait aucune crainte de voir, comme dans les circonstances actuelles, le déversoir-Desfontaines s'abaisser inopinément par une réduction de la chûte, puisque les béquilles disposées, comme nous l'avons indiqué, maintiendraient la stabilité des hausses. L'affamure du bief du barrage ne serait d'ailleurs pas plus à redouter qu'il ne l'était dans l'ancienne navigation par *éclusées*.

Dans cette même hypothèse, l'emploi d'une passerelle tournante analogue à celle que nous avons décrite dans une autre notice (*Considérations sur quelques sujets de Navigation intérieure*), serait très-favorable. Facilement applicable à une passe relativement large de 12 à 15 mètres, elle abrégerait les manœuvres qu'exigent aujourd'hui l'abaissement et le relèvement d'un pont de service sur fermettes, avec déplacement d'un matériel lourd et encombrant.

Application de l'appareil Desfontaines aux passes navigables.

Au sujet de l'emploi prévu ci-dessus du pertuis comme passe navigable, nous n'avons eu en vue que l'application de l'un des modes de fermeture décrits dans d'autres publications. À part le système des *portes à axe horizontal* mentionné dans l'ouvrage déjà cité de M. de Lagrenée, et qui se manœuvre par le jeu de pressions hydrauliques, les autres appareils, *vannes à bascule* et *vannes roulantes*, exigent le concours de la force humaine.

Mais on peut se demander si l'extension de l'application du système-Desfontaines peut aller jusqu'à la fermeture d'une passe navigable. Dans les dernières années de sa vie, M. Desfontaines avait exprimé la pensée de la possibilité de donner une très-grande augmentation à la hauteur utile de son appareil. Mais il n'a pas laissé transpirer dans ses paroles, la nature des moyens qu'il se proposait d'employer pour le réaliser. C'est un thème sur lequel a pu s'exercer depuis, l'imagination des ingénieurs qui ont repris la question après lui.

On n'admet guère en général, en fait de travaux publics, une innovation basée sur un simple exposé théorique ; mais l'expérience dont on demande la consécration exige une exécution préalable qui ne peut être décidée que sur les propositions d'un projet : on est ainsi exposé à tourner dans un cercle vicieux : l'esprit d'initiative est enchaîné, et le progrès enrayé dans sa marche. On ne peut sans doute s'engager aveuglément vers l'inconnu, ni compromettre dans des entreprises plus ou moins hasardeuses les finances de l'État.

La difficulté n'est cependant pas insoluble : il suffit, pour la dénouer, d'avoir confiance dans le jugement des ingénieurs qui, dans chaque spécialité, ont beaucoup projeté et beaucoup exécuté. Or, M. Desfontaines possédait à un haut degré ces deux qualités de théoricien et de praticien. Ses opinions doivent donc peser d'un grand poids dans la balance des décisions à intervenir en fait de travaux de navigation intérieure.

Quant à nous, nous pensons qu'en appliquant à des passes navigables de 12 à 15 mètres de largeur, les hausses de son système surmontées de surhausses à bascule se manœuvrant au moyen d'une passerelle tournante, cette application pourrait parfaitement réussir (1). Un seul homme

(1) Il est à remarquer que la passerelle tournante dont il s'agit, est supportée par un poteau-tourillon analogue à celui des vantaux de portes d'écluse, lequel est maintenu verticalement par un collier se rattachant à des tirants scellés dans la maçonnerie. Cette disposition dispense de la culasse en usage dans les ponts tournants pour former contre-poids, et qui, augmentant notablement la charge totale, produirait, en outre, un encombrement sur le bajoyer de l'écluse.

Le principe de ce genre de passerelle sans contre-poids pourrait

ouvrirait ou fermerait en quelques instants un appareil de
ce genre ; et dans les eaux moyennes, la navigation retire-
rait de cette combinaison des avantages dont il serait difficile de contester la réalité.

La durée de chacune de ces opérations ne pourrait guère
s'évaluer d'une manière un peu précise avant une expérience. Elle dépendrait d'ailleurs de l'adresse de l'agent
chargé des manœuvres, et de l'habitude qu'il en aurait
acquise. Nous sommes toutefois fondé à penser qu'elle
atteindrait à peine une demi-heure. Comparées sous le
rapport de leur durée à celles des engins les plus perfec-
tionnés en usage, ces manœuvres rendraient sans doute
très-pratique l'emploi d'un pareil pertuis, concurremment
avec celui de l'écluse.

Quelques mots sur les détails de cette application ne
seront pas inutiles.

Supposons qu'il s'agisse d'une passe de 12 à 15 mètres
de largeur dans des conditions de navigabilité analogues à
celles de la Marne.

Nous donnerions à la cavité cylindrique qui doit ren-
fermer la contre-hausse, un rayon d'environ 1^{m}50, à
la partie pleine de la hausse une hauteur 1^{m}20, la surhausse à bascule devant avoir 1^{m}80 de dimension verticale, soit en tout, pour le relief de la partie mobile 3^{m}00.
(Pl. 2, fig. 3.)

La pression sur une contre-hausse de 1^{m}50 serait plus
que suffisante, même avec une très-faible chute initiale,
pour entraîner le mouvement d'ascension de la hausse
portant sa surhausse en bascule. Dans ces conditions, le
centre de pression serait évidemment au-dessous de l'axe
de rotation : la béquille ne s'appuierait pas encore sur la

être d'ailleurs facilement appliqué aux ponts tournants pour voi-
tures. La portée en serait d'autant plus grande, que le poids total
équilibré par la maçonnerie de la culée serait plus réduit par
suite de la suppression de l'écluse. Le poids du tablier d'un pareil pont atteindrait à peine la moitié de celui des ponts en usage
d'une même portée utile.

barre à coches ; il serait facile, en un tour de main, de redresser la surhausse. Bientôt après, tout le pertuis étant
fermé, le centre de pression des hausses remonterait, et
pourrait dépasser l'axe de rotation : mais peu importerait,
puisque alors les hausses seraient étayées par leurs béquilles.

Quand on voudrait l'ouvrir pour le passage des bateaux,
le barragiste ferait basculer toutes les surhausses au
moyen d'une légère poussée sur leur sommet : un abaissement du centre de pression se faisant alors sentir, sou-
lagerait la barre à coches, à laquelle rien n'empêcherait
plus d'imprimer un mouvement de translation sur ses
galets. Ce mouvement serait suivi de la manœuvre des
ventelles de prise d'eau qui compléterait l'abaissement
des hausses sur le radier. Il ne resterait plus, pour livrer
le pertuis à la navigation, qu'à ranger s'il était nécessaire,
le long du bajoyer, la passerelle tournante, opération qui
n'exigerait que quelques minutes.

En définitive, une passe de 12 à 15 mètres de largeur et
même plus, au besoin, serait ouverte aux bateaux par un
seul homme, en un espace de temps fort restreint. Sa fermeture s'effectuerait par des opérations inverses des pré-
cédentes, et aussi rapides que celles-ci.

Mais comment, nous dira-t-on, établir des organes qui
dépassent notablement en hauteur ceux des premières
applications du même système aux déversoirs mobiles ?

Pour concilier la force avec la légèreté, on pourrait sans
difficulté constituer les bras des hausses, soit d'un fer à
simple ou à double T, soit d'un fer en U d'environ
$0^{m}10$ d'épaisseur (Pl. 1 fig. 4 et 5). A chacun de ces bras
serait rivé un tourillon sur patin qui pénétrant dans le collier voisin fixé sur la nervure du diaphragme, constituerait
la charnière. Un manchon en fonte n'ayant d'autre destination que celle d'un couvre-joint, sans résistance à opposer, s'appuierait par ses deux ailettes sur les fers à T
transversaux, réunissant deux diaphragmes voisins.

Les béquilles pourraient être également d'un poids relativement faible : elles seraient composées, par exemple, d'un fer évidé en croix ou d'un fragment de rail dont la tête travaillée à la forge serait percée d'un œil faisant partie de l'articulation. Le pied serait également arrondi à la forge pour donner à ce petit support une suffisante faculté de glissement.

Nous devons faire remarquer à ce sujet, que les béquilles n'auraient pas besoin, comme les arcs-boutants des vannes à bascule en usage, d'être assez lourdes pour se maintenir en contact avec leur glissière, malgré la violence d'un courant très-rapide. Pendant le redressement, elles seraient abritées contre l'entraînement de la nappe d'eau par ces hausses elles-mêmes, et la pression de la lame déversante, s'il s'en produisait une au moment de l'opération, ne ferait que contribuer en s'ajoutant à leur poids, à les appuyer sur leurs glissières respectives. N'ayant à donner d'ailleurs qu'un faible appoint à l'effort de la contre-hausse, ces béquilles seraient assez légères pour ne pas avoir d'influence sensible sur la rapidité du mouvement.

EPILOGUE

L'adoption des modifications et des additions proposées dans cette notice contribuerait sans doute à la propagation de l'ingénieux système de barrage dû à M. Desfontaines qui, après en avoir établi et plusieurs fois appliqué le principe, n'a pas eu le temps de mettre en lumière toutes les ressources dont il est susceptible.

Les idées inaugurées par cet ingénieur ont marqué un premier pas dans une voie pour ainsi dire inexplorée avant lui, et ont fait considérer la Navigation sous un nouveau jour. Elles sont en opposition avec celles d'une autre école qui, s'attardant dans le passé, cherche à approprier au nouveau programme des appareils bons autrefois, sans doute, mais insuffisants aujourd'hui pour satisfaire aux besoins actuels de la batellerie.

La Navigation intérieure se trouve en ce moment dans une période de transition que, par un certain effet de réaction, le progrès a le plus de peine à franchir. Le présent mémoire n'a pas la prétention de mettre fin à cette lutte entre deux principes : il n'a d'autre caractère que celui d'une discussion de doctrines.

L'exclusion de la polémique d'une notice purement technique ne doit pas entraîner celle de la controverse, l'exposé d'opinions contraires étant souvent utile à l'éclosion de la vérité. C'est donc seulement la lumière que nous cherchons à faire sortir de cette discussion provoquée par une divergence de vues sur une question d'un haut intérêt pour l'industrie des transports.

Les idées de M. Desfontaines ont fait de nombreux prosélytes. Les additions que nous y avons introduites et celles que nous proposons plus haut, ne rendront pas son appareil moins pratique qu'il ne l'était à l'origine : et il s'est écoulé déjà plus de 25 ans depuis que cet appareil fonctionne à divers barrages, sans dérangement ni altération des organes qui le composent.

Elève et collaborateur de M. Desfontaines, nous ne saurions mieux honorer la mémoire de cet ingénieur éminent, qu'en cherchant à compléter l'œuvre qu'il a dû laisser inachevée, et en essayant, à son exemple, d'ouvrir à la Navigation intérieure de nouveaux horizons.

Meaux, le 1ᵉʳ mars 1884.

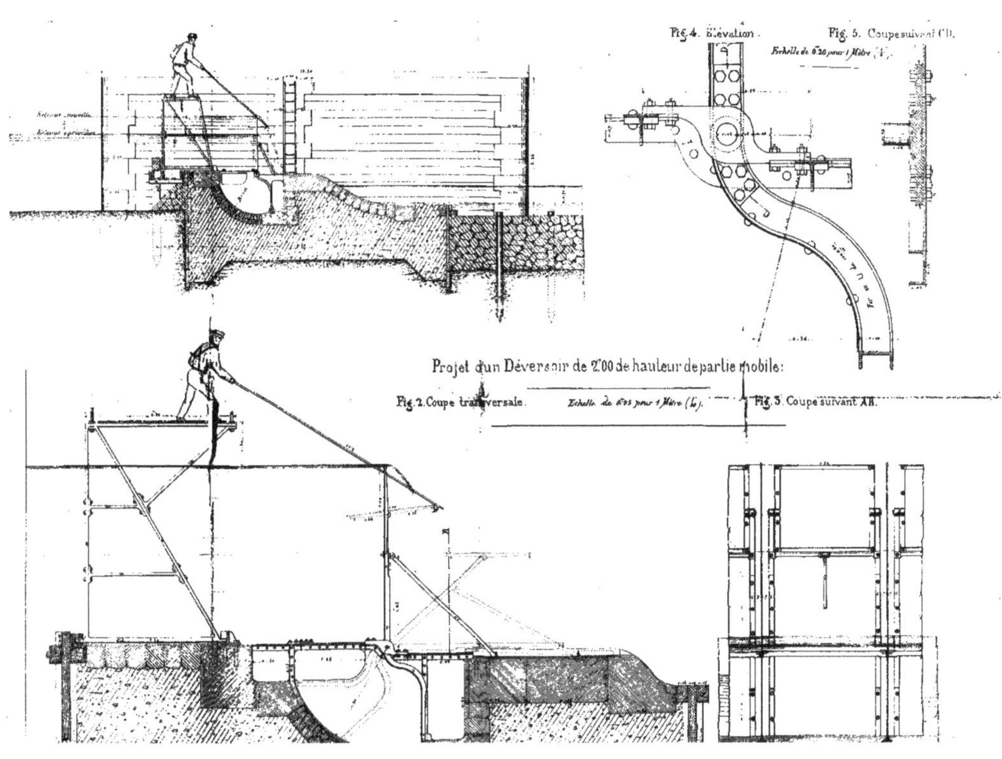

Fig. 4. Élévation.
Fig. 5. Coupe suivant CD.
Échelle de 0.20 pour 1 Mètre (⅕).
Projet d'un Déversoir de 2.00 de hauteur de partie mobile:
Fig. 2. Coupe transversale.
Échelle de 0.05 pour 1 Mètre (⅕).
Fig. 3. Coupe suivant AB.

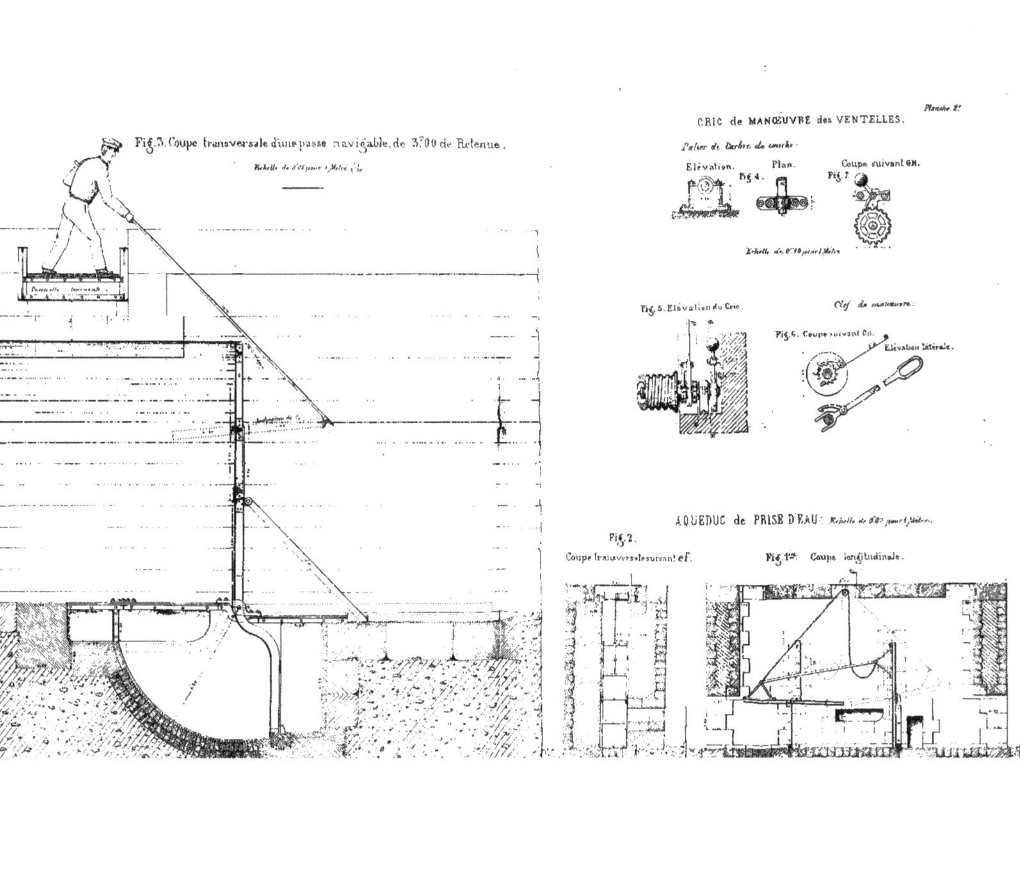

Planche 2.
Fig. 3. Coupe transversale d'une passe navigable, de 3.00 de Retenue.
Echelle de 0.03 pour 1 Metre
CRIC de MANŒUVRE des VENTELLES.
Palier de l'arbre de couche.
Elévation.
Plan.
Fig. 4.
Coupe suivant GH.
Fig. 7.
Echelle de 0.10 pour 1 Metre
Fig. 5. Elévation du Cric.
Clef de manœuvre.
Fig. 6. Coupe suivant OO.
Elévation latérale.
AQUEDUC de PRISE D'EAU. Echelle de 0.03 pour 1 Metre.
Fig. 2.
Coupe transversale suivant ef.
Fig. 1re. Coupe longitudinale.